만화로 보는

차마 신이 없다고 말하기 전에

원작 **박영덕** | 글·그림 **크레마인드**

생명의말씀사

만화로 보는
차마 신이 없다고 말하기 전에
ⓒ 생명의말씀사 2011

2011년 5월 30일 1판 1쇄 발행
2023년 1월 31일 20쇄 발행

펴낸이 | 김창영
펴낸곳 | 생명의말씀사

등록 | 1962. 1. 10. No.300-1962-1
주소 | 서울시 종로구 경희궁1길 6 (03176)
전화 | 02)738-6555(본사) · 02)3159-7979(영업)
팩스 | 02)739-3824(본사) · 080-022-8585(영업)

지은이 | 박영덕, 크레마인드(그림 김태호, 글 김덕래)

기획편집 | 구자섭, 장주연
디자인 | 오수지
인쇄 | 영진문원
제본 | 보경문화사

ISBN 978-89-04-05037-6 (03230)

저작권자의 허락없이 이 책의 일부 또는 전체를
무단 복제, 전재, 발췌하면 저작권법에 의해 처벌을 받습니다.

만화로 보는 차마 신이 없다고 말하기 전에

원작 **박영덕** | 글·그림 **크레마인드**

Contents

1장 | 차마 신이 없다고 말하기 전에   7

2장 | 기독교를 멀리하는 16가지 이유   39

3장 | 기독교의 참모습   79

4장 | 신이 있다는 2가지 증거   147

5장 | 구원을 향한 첫걸음   205

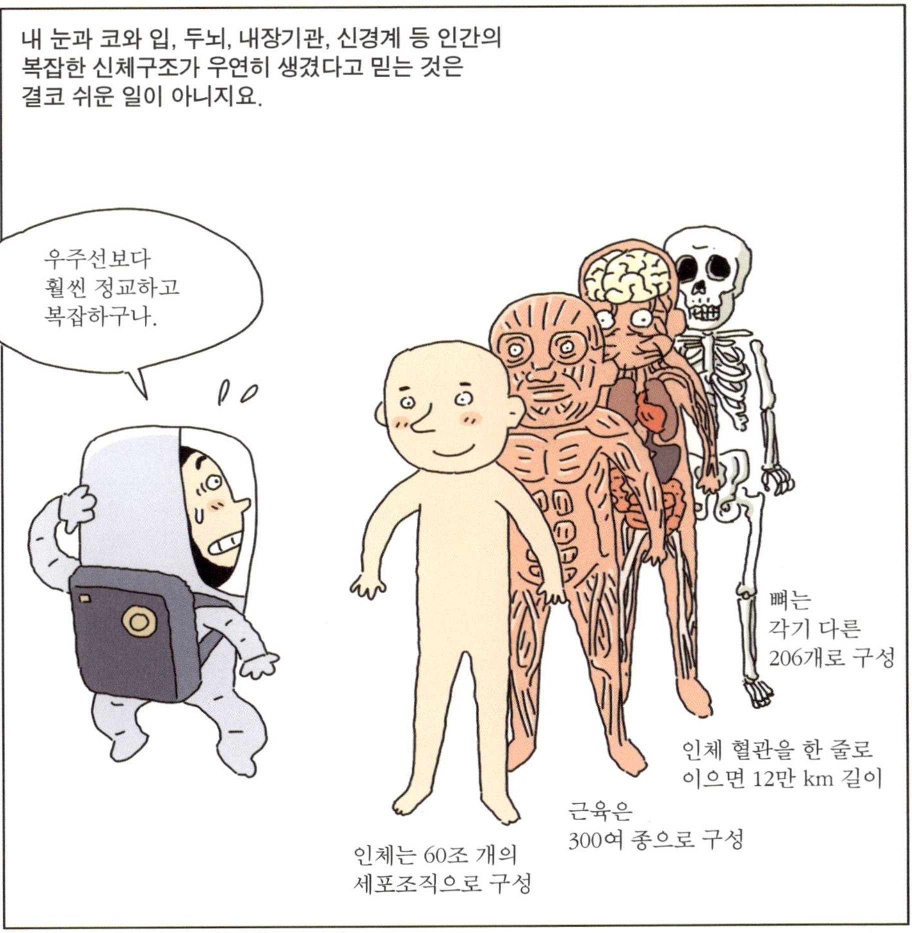

내 눈과 코와 입, 두뇌, 내장기관, 신경계 등 인간의 복잡한 신체구조가 우연히 생겼다고 믿는 것은 결코 쉬운 일이 아니지요.

우주선보다 훨씬 정교하고 복잡하구나.

뼈는 각기 다른 206개로 구성

인체 혈관을 한 줄로 이으면 12만 km 길이

근육은 300여 종으로 구성

인체는 60조 개의 세포조직으로 구성

미지의 신을 찾아서

그렇다면 일단 세계 5대 종교인 불교, 유교, 기독교, 힌두교, 이슬람교에 대해서 살펴봅시다.

거기서 신을 발견하면 다행이고 신을 발견하지 못한다면

더 이상 우린 종교문제를 거론하지 않아도 될 거예요.

여기 없으면 없는 거야.

신이 자기 자신을 나타낼 의도가 전혀 없다면 우리가 찾아간다고 해도 그 신이 만나주기나 할까요?

수십억 광년을 지나서 왔어요. 좀 만나주세요.

너한테 볼일 없으니 돌아가라.

이제 신이 자신을 나타낼 의도가 혹시 있다면, 그것은 세계의 대종교에서 그 해답을 찾을 수 있을 겁니다.

1. 불교

불교에서 석가의 가르침의 최고 목표는 욕망을 근절하여 열반에 드는 일이에요.

그 방법으로 8정도(八正道)를 제시합니다.

이렇게 살면 열반에 들어 윤회의 부단한 순환으로부터 자유롭게 되는 거죠.

- **정견** 올바로 보는 것
- **정명** 올바로 목숨을 유지하는 것
- **정사** 올바로 생각하는 것
- **정근** 올바로 부지런히 노력하는 것
- **정어** 올바로 말하는 것
- **정념** 올바로 기억하고 생각하는 것
- **정업** 올바로 행동하는 것
- **정정** 올바로 마음을 안정하는 것

석가모니는 훌륭한 가르침을 베풀었지만

정작 자신을 이 땅에 있게 한 존재에 대해서는 언급하지 않았어요.

…

따라서 불교를 통해서 마음의 위안을 얻을 수 있을지는 몰라도 우리를 이 땅에 태어나게 한 존재, 운명을 결정하는 존재를 발견할 수는 없습니다.

ㄹ. 유교

유교는 철학입니다. 공자는 생의 마지막 순간까지 신을 갈망했지만 결국 그 신을 알지 못했어요.

운명하는 순간에도 '침묵하는 신'에 대해 언급했을 뿐이었죠.

유교는 그 가르침을 따르는 사람들에게 예의 바르고

— 안녕하세요, 할아버지.
— 오냐. 헐헐.

교양있는 인격자가 될 수 있는 철학이나 윤리를 제공할지 모르지만

신에 대해서는 아무런 답도 주지 못하죠.

— 선생님, 신은 있나요?
— 글쎄다.

3. 기독교

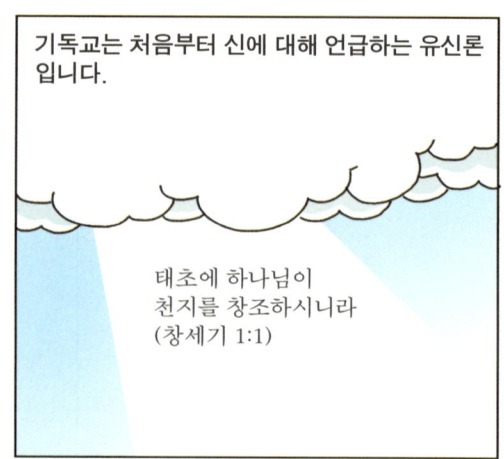

기독교는 처음부터 신에 대해 언급하는 유신론입니다.

태초에 하나님이
천지를 창조하시니라
(창세기 1:1)

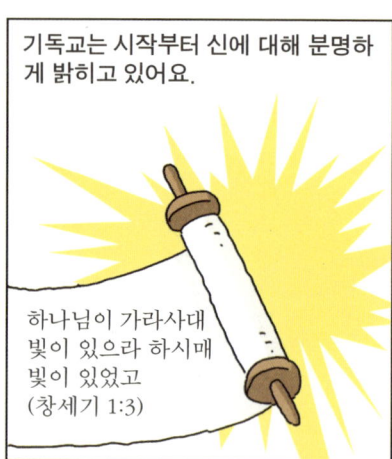

기독교는 시작부터 신에 대해 분명하게 밝히고 있어요.

하나님이 가라사대
빛이 있으라 하시매
빛이 있었고
(창세기 1:3)

인간과 동식물을 포함한 천지 만물을 하나님이 창조하셨다고 주장하죠.

사람들이 받아들이든지 말든지, 기독교는 하나님의 존재를 인정하고 선포하죠.

하나님이 만들었다구?
진화되었거든!
하나님이 창조하신 것입니다.

기독교는 신에 대해 분명하게 언급하므로 이것이 사실인지 탐구해 본 후에 결정하면 되겠죠.

4. 힌두교

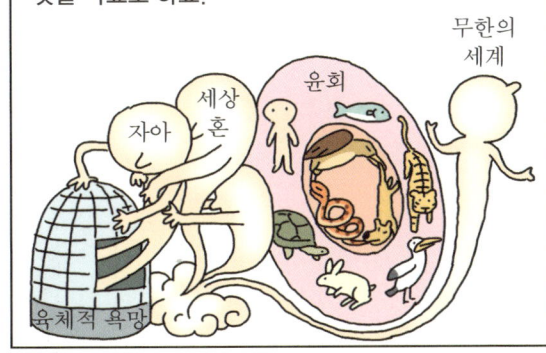

힌두교는 자아를 육체적 욕망에서 해방시켜 세상혼과 합치시키고 윤회를 피하여 무한 세계에 이르는 것을 목표로 하죠.

힌두교의 신은 유대교나 기독교에서 말하는 것과 다르죠.

인격적인 신이란 없고 만물이 곧 신이란 거죠.

풀 한 포기조차도 신의 형상이지.

힌두교는 영원한 존재나 실체를 일컫는 창조의 신 브라만을 추구하는데

예수와 석가, 크리슈나를 인간의 형태로 온 브라만의 화신이라고 믿죠.

한편 브라만 신을 인간 속에서 찾을 수 있다는, 즉 인간이 신이 될 수도 있다고 주장하는 힌두교의 교리는

우린 다 신이 될 수도 있어.

범신론적인 관점에서 모두가 신이 될 수 있음을 의미하죠.

우리를 보살펴 주소서.

엄마 배고파

이래서 소인 우릴 숭배까지 하죠.

5. 이슬람교

이슬람교의 무슬림들은 자기들이 믿는 알라신에 대해 이렇게 주장하죠.

절대유일하시고 전지전능한 천지만물의 창조자요 지배자이죠.

아랍어-'알라'

알라가 유일하다는 것은 그 본질이 인간의 인지능력을 넘어서고

피조물과의 비교를 거부하는 초월신이라는 뜻이죠.

그 알라가 무함마드를 최후의 예언자로 보내 인간이 지킬 규범과 신조를 계시했다고 하죠.

율법주의 즉 행위를 통해서 구원을 얻는 종교는 율법이 정한 행위를 실천할 때 위안을 주기 때문에

인간을 끊임없이 행위와 규범의 노예로 만들어요.

결론적으로 이슬람은 율법을 지켜야 구원받는 유신론 종교죠.

그러나 이슬람교의 유신론은 기독교와는 전혀 다른 유신론입니다.

이 세계적인 5대 종교 외에도 수많은 종교들이 있으며 신에 대한 언급 또한 수없이 많아요.

또 앞에서 말한 것처럼 죽을 때까지 찾아보아도 참 신을 만날 확률은 만분의 일도 되지 않죠.

기독교에 대한 오해 - 1

예정된 사람이라면 교회에 나가지 않아도 구원받을 것이 아닌가?

기독교에 대한 오해-ㄹ

하나님이 계시다면 왜 악인을 그대로 두는가?

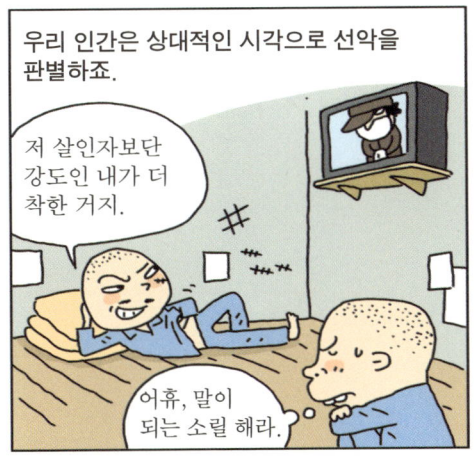

기독교에 대한 오해-3

진화냐 창조냐?

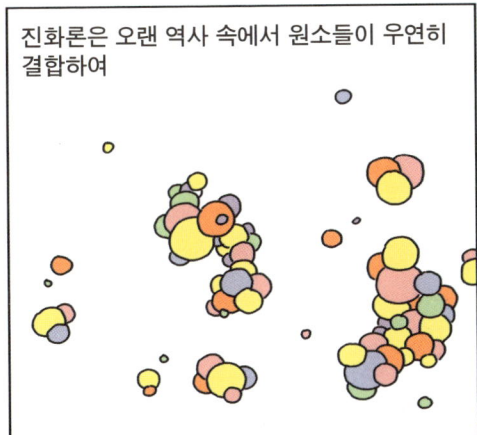

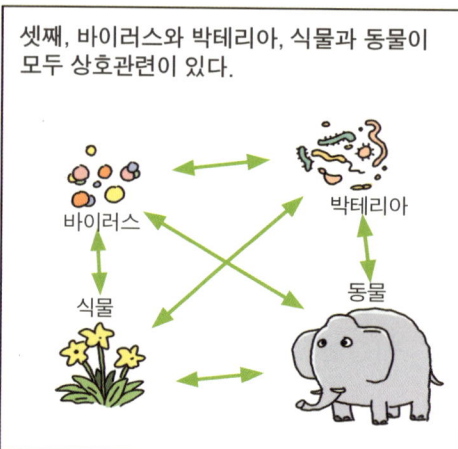

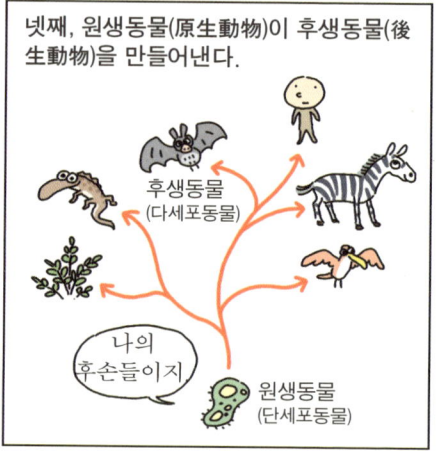

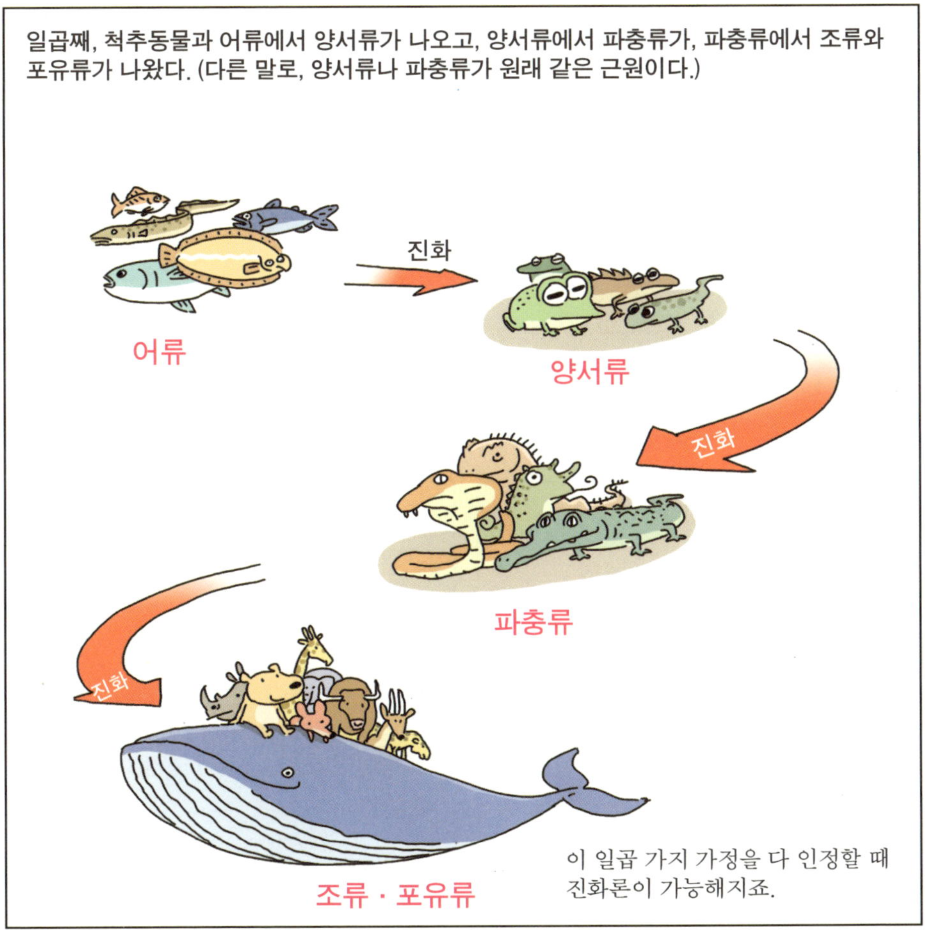

일곱째, 척추동물과 어류에서 양서류가 나오고, 양서류에서 파충류가, 파충류에서 조류와 포유류가 나왔다. (다른 말로, 양서류나 파충류가 원래 같은 근원이다.)

어류 → 진화 → 양서류 → 진화 → 파충류 → 진화 → 조류·포유류

이 일곱 가지 가정을 다 인정할 때 진화론이 가능해지죠.

실험실에서 물질로부터 생명체를 합성하겠다는 실험은 계속 시도되고 있지만, 앞으로 과학이 발전한다 해도 불가능한 이야기죠.

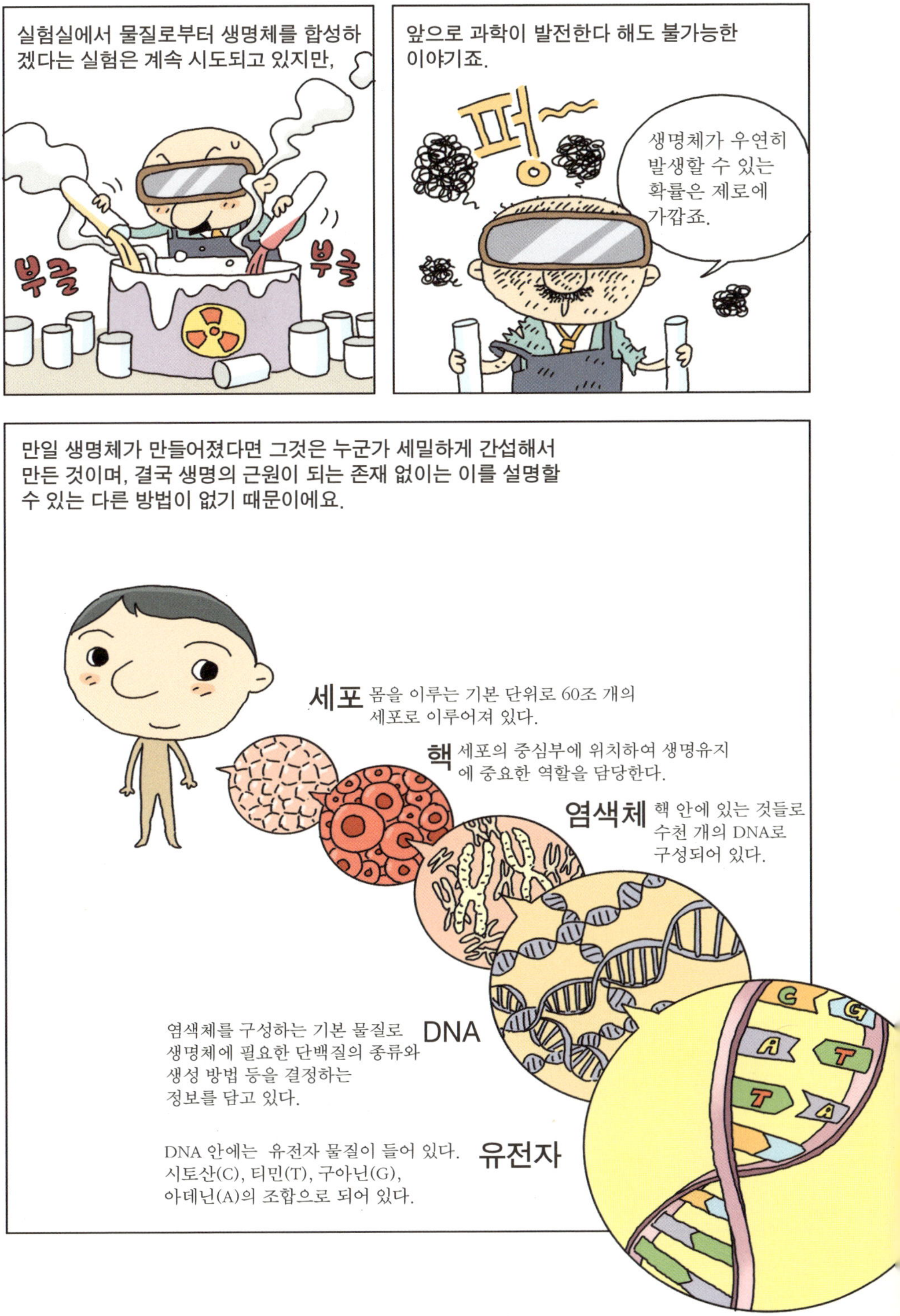

생명체가 우연히 발생할 수 있는 확률은 제로에 가깝죠.

만일 생명체가 만들어졌다면 그것은 누군가 세밀하게 간섭해서 만든 것이며, 결국 생명의 근원이 되는 존재 없이는 이를 설명할 수 있는 다른 방법이 없기 때문이에요.

세포 몸을 이루는 기본 단위로 60조 개의 세포로 이루어져 있다.

핵 세포의 중심부에 위치하여 생명유지에 중요한 역할을 담당한다.

염색체 핵 안에 있는 것들로 수천 개의 DNA로 구성되어 있다.

DNA 염색체를 구성하는 기본 물질로 생명체에 필요한 단백질의 종류와 생성 방법 등을 결정하는 정보를 담고 있다.

유전자 DNA 안에는 유전자 물질이 들어 있다. 시토산(C), 티민(T), 구아닌(G), 아데닌(A)의 조합으로 되어 있다.

기독교에 대한 오해 - 4

교회 나가는 나쁜 사람과 교회에 나가지는 않지만 착한 사람 중에 누가 구원을 받겠는가?

예를 들어 결핵 2기에 접어들어 거의 다 죽어가는 사람이 있다고 하죠.

다른 한 사람은 결핵 1기여서 그보다 좀 나은 형편이었어요.

결핵 2기인 환자는 각혈을 하며 증세가 심해 병원에 다니지만

결핵 1기인 사람은 아직 괜찮아 병원에 가지 않았어요. 결국 나중에 어떻게 되었을까요?

병원에 다니며 치료받은 2기 환자는 병이 나을 수 있었지만

괜찮다고 생각해서 병원에 가지 않은 1기 환자는 오히려 병세가 악화되었어요.

기독교에 대한 오해 - 5

모든 종교는 다 마찬가지다.

보통 도교에서 주장하는 이론으로

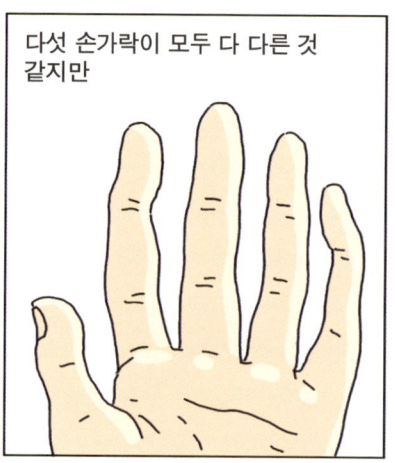
다섯 손가락이 모두 다 다른 것 같지만

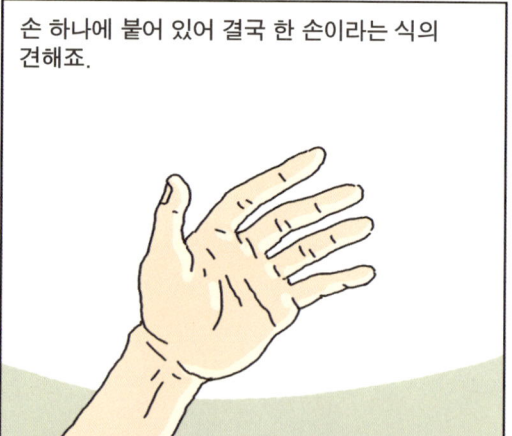
손 하나에 붙어 있어 결국 한 손이라는 식의 견해죠.

모로 가도 서울만 가면 되지 않느냐는 것이죠. 이 말은 반은 맞고 반은 틀렸다고 볼 수 있어요.
난 서해안으로 가야지.
난 경부선

사람을 좀 더 선하게 하고 인생에 더 큰 의미를 가져다준다는 면에서 모든 종교는 마찬가지예요.

기독교에 대한 오해 - 6

인간이 연약해서 신을 만들었다.

이 말은 "애당초 신은 없다"고 믿는 무신론의 입장에서 출발해요.

여보세요. 신이 어디 있냐구요?

그렇다면 "신이 없음을 어떻게 확신하는가?"라는 질문으로 다시 돌아가야 돼요. 따라서 이 주장을 펼치기 위해서는 신이 없다는 증거부터 찾아야 하죠.

기독교에
대한 오해-ㄱ

신의 존재는 믿겠는데 왜 그가
꼭 기독교의 하나님인가?

기독교에 대한 오해 - 8

기독교는 서양 종교다.

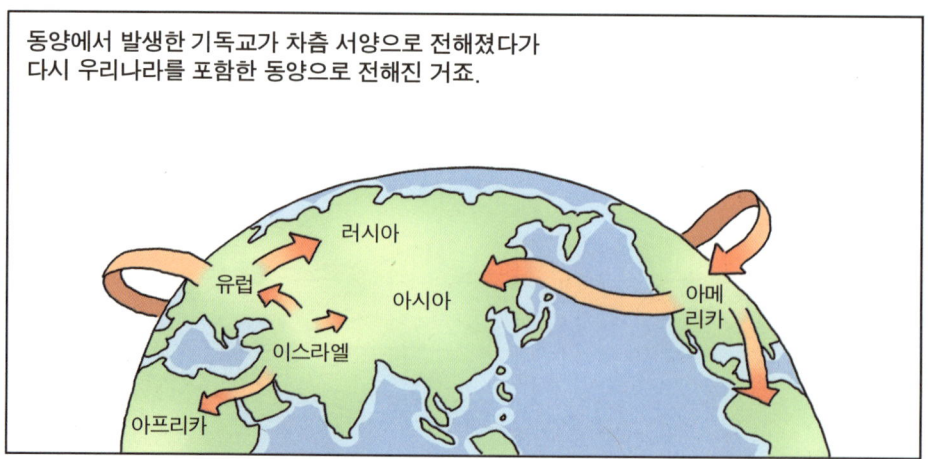

기독교에 대한 오해 - ㅁ

그리스도인 친구의 생활이 좋지 않다.

기독교는 병원 같은 곳이에요. 병원에서 환자를 고치듯이 교회는 죄인들을 모아 놓고 순화시키는 곳이죠.

그러다보니 교회 안에는 아직 인격이 덜 성숙한 사람들이 있어요. 그들이 교회에서 나쁜 생활을 배운 것이 아니라,

이미 죄의 습관에 깊이 물들어 있다가 교회에 온 후에도 여전히 덜 고쳐진 것이죠.

충분한 교정이 이루어지려면 좀 더 시간이 필요해요.

버팀목

그러나 교회에는 그런 부족한 사람도 있지만 존경할 만한 사람도 함께 있음을 기억해 주세요.

기독교에 대한 오해 - 1ㅁ

죄가 너무 많아 지금은 교회에 나가지 못하지만 차차 정리 되면 나가겠다.

어떤 이는 기독교가 죄인인 인간에게 너무 높은 수준의 삶을 요구하며 사람들을 좌절 시킨다고 하죠.

그러나 그는 사람의 약함을 도우시는 하나님이 계시다는 사실을 모르고 있는 거예요.

기독교에 대한 오해 - 11

술, 담배를 끊어야 하기 때문에 교회에 못 나가겠다.

술, 담배가 기독교를 받아들일 수 없는 진정한 이유라면 술, 담배를 계속 하면서라도 우선 교회에 나가는 것이 더 중요해요.

기독교는 당신이 예수님을 믿고 구원받기를 원하지, 우선 술, 담배를 끊는 것을 원하지 않아요.

예수님을 믿은 후 단정한 생활을 하려는 마음이 생길 때 술, 담배 문제를 생각해도 늦지 않죠.

기독교에 대한 오해 - 12

왜 선악과를 만들었나?

기독교를 믿지 않는 사람들 중에 이 질문을 하지 않는 사람이 거의 없죠. 이 문제는 간단하게 답하기는 어려워요.

하나님의 함정수사, 대단해요.

없으면 안 먹었을 거 아냐.

먼저 이 문제에 답하기 위해선 적어도 다음 두 가지가 전제되어야 해요. 첫째, 하나님이 계신지를 아는 것과

선악과를 누가 만든 거지?

둘째, 그분이 계시다면 그분의 성품이 어떠한지를 알 때 이 문제에 대한 설명이 가능하죠.

그분이 무슨 의도로 이걸 만드신 거지?

결론부터 말한다면, 살아계신 하나님이 인간에게 자발적 의지를 주시는 기준으로 선악과가 '필연적으로' 사용되었어요. 이 부분은 3장에서 자세히 다루도록 하지요.

기독교에 대한 오해-13

우리나라에 복음이 들어오기 전의 사람들은 어떻게 되었는가?

대답은 "잘 모른다"입니다.

여기에 대해 성경 로마서 2장은 양심에 따른 심판이 있다고 말씀하죠.

그러나 이것은 양심대로 살면 구원받는다는 뜻이 아니라 반대로 인간은 양심대로 살지 못한다는 고발적인 의미가 강한 말씀이죠.

복음이 들어오기 전에 살았던 사람들의 구원문제는 하나님이 해결하실 일이에요.

우리는 다만 하나님이 선하시고 공평하신 분이므로 알아서 적절하고 공평하게 처리할 것을 믿을 따름이죠.

분명한 사실은 현재 우리 모두에게 복음을 통한 구원의 기회가 있음에도 불구하고 복음을 받아들이지 않으면 구원을 받지 못한다는 사실이에요.

그러므로 구원의 방법이 분명하게 알려진 이상, 옛 선조들의 구원 문제에 대한 관심보다는 자신의 구원 문제에 더 신경 써야 할 겁니다.

기독교에 대한 오해 - 14

성경이 하나님의 말씀인가?

당장은 성경이 하나님의 말씀인지 아닌지 알 필요가 없어요.

우선 예수께서 역사적 인물임을 살펴보아야 해요.

예수께서 역사적 인물임을 알고 그의 주장과 삶, 죽음, 부활을 연구해 보면 그가 하나님의 아들인 것을 받아들일 수 있게 되죠.

그리고 일단 예수 그리스도를 받아들이면 성경이 하나님의 말씀인 것을 알게 되죠.

왜냐하면 예수님이 성경을 하나님의 말씀으로 인정했기 때문이에요.

아~ 그렇구나!

기독교에 대한 오해 -15

기독교의 하나님이 참 신이라고 해도 왜 내가 꼭 기독교를 믿어야 하나?

예를 들어, 어떤 사람이 어릴 때 부모와 헤어졌다고 합시다.

오랜 세월이 흐른 어느 날, 부모님이 TV에서 자기 이름을 부르며 찾는 모습을 보았다면 어떻게 할까요?

어디서 살고 있는지 정말 보고 싶구나.

당장 부모님을 만나러 방송국으로 달려가지 않겠어요?

마찬가지로 당신을 만든 분이 바로 하나님이시라면, 당신을 위해 십자가에서 피 흘려 죽은 존귀하신 분이 지금 당신을 부르고 계신다면 당신은 어떤 결정을 내릴까요? 여전히 하나님을 외면하고 살아가겠습니까?

기독교에 대한 오해 - 16

죽기 바로 전에 믿겠다.

그러나 기독교는 결코 우리의 즐거움을 빼앗아가는 금욕적 종교가 아니에요.

오히려 곤고하던 인생에 기쁨과 환희를 가져다 주며 소망을 부여하는 종교죠.

만약 결혼이 괴로운 거라면 70대에 하겠지만

늦게 하는 게 좋지?

기대지 마요. 힘들당께.

결혼은 축복이며 큰 기쁨이기에 젊은 날에 하는 것처럼

정상적인 신앙생활은 행복한 것이기에 믿을 마음이 있다면 하루라도 빨리 믿는 것이 좋죠.

이런 여러 가지 이유로 지금까지 몇십 년 동안 기독교와 거리를 둔 채 굳건하게 버텨 온 사람들이 있어요.

여러 장애 요소들이 앞을 꽉 가로막고 있기 때문에 한 번도 기독교를 제대로 알 기회를 갖지 못한 것이죠.

문이 아닌 벽으로 들어가려 하니 기독교 안으로 들어갈 수 없었고 받아들이기 힘들었던 것이에요.

이런 답답한 경우가 있나? 문이 없는데 어떻게 들어가란 말이야.

입구는 여긴데….

그들에게 기독교는 언제나 공개된 비밀이었어요. 문으로 들어가세요. 기독교의 문은 예수 그리스도의 역사적 부활 사건이죠. 이제 다음 장부터 기독교에 대해 본격적으로 소개하겠어요.

들어와요.

3장
기독교의 참모습

기독교는 "하나님이 존재하신다"는 사실에서 시작해요. 그분은 온 우주를 지으신 창조주세요. 태양과 지구, 인간과 동식물 등 모든 것을 지으시고 인간을 만물의 으뜸으로 삼으셨죠.

하나님에 대하여

에덴동산에 있는 모든 나무의 열매를 다 먹을 수 있다는 전제를 두시고

한 나무 열매만 먹지 말라고 하신 것이죠.

하나의 기준을 정해 놓고 만일 불순종하여 어길 때는 반드시 죽을 것이라고 말씀하셨어요.

이 말은 부모가 아이에게 이렇게 말하는 것과 마찬가지예요.

엄마 잃어버리면 안 되니까 손을 꼭 붙잡아라. 놓치면 큰일 나.

사랑의 하나님은 우리의 아버지로서, 우리와 사랑의 관계를 맺기 원하세요.

"너희가 나를 벗어나면 궁핍하고 곤고하게 살 것이며 수고하고 애쓰다가 결국 죽을 수밖에 없다."

"너희가 나를 떠나면 반드시 죽는다. 영원히 살 수 없다."

인간에 대하여

우리가 지금 낙원을 떠나 고통의 땅에서 살고 있기 때문이에요.

하나님을 떠나 온 이곳에는 외적으로 자연재해와 각종 질병이 많죠.

또 내적으로 여러 가지로 부패한 인간의 모습이 있어요.

자신의 내면을 솔직히 돌아보면 욕심이 있고 시기심이 있어요.

사촌이 땅을 사면 함께 기뻐해야 할 텐데 왠지 배가 아프죠.

함께 고시 공부하던 친구는 시험에 붙었는데 난 떨어졌다면

그리고 고독감과

폭력이나

성적인 문제 등이 있어요.

그런데 그중 가장 대표적인 것은 거짓말이에요.

참되신 하나님을 떠난 인간의 모습은 심히 거짓돼요.

남에게 거짓말하는 것도 문제지만 가장 무서운 것은 자신에게 거짓말하는 자기 기만이에요.

저는 진짜 깨끗한 사람입니다.

우리 행동의 동기엔 이런 면들이 많이 숨어 있죠.

예수님은 이 땅에 계실 때 인간에 대해 이렇게 평가하셨어요.

나쁜 생각은 사람의 마음에서 나오는데, 곧 음행과 도둑질과 살인과 간음과 탐욕과 악의와 사기와 방탕과 악한 시선과 모독과 교만과 어리석음이다. 이런 악한 것이 모두 속에서 나와 사람을 더럽힌다. (마가복음 7:21-23)

인간은 도덕적 불감증에 걸려 있어요.

그래서 자신이 무엇을 잘못하는지 모르고 그것을 즐기죠.

이외에도 고부, 부부, 직장 동료 간의 갈등 등 인간 관계에서 벌어지는 끊임없는 문제들이 풀리지 않을 것 같은 미로처럼 펼쳐지고,

이런 상황 속에서 우리 마음은 늘 불안과 갈등으로 뒤엉켜 있지요.

너무 어두운 시각으로만 바라본 것인가요? 하지만 이것이 인생의 실체예요.

수고하고 고생하면서 무엇인가 만족할 만한 목표를 좇아가지만

인간에겐 늘 채워지지 않는 빈 구멍이 있어요.

3장 기독교의 참모습 **97**

인간은 결국 다 죽어요.

이는 동서고금을 막론하고 누구에게나 해당되는 명백한 진리죠.

죽음이란 장벽에 부딪쳐 보면 인간은 신을 생각하지 않을 수 없어요.

지금도 점을 치러 다니는 사람들이 많은데, 이는 앞날을 모르는 인간에게 신적 존재를 의지하려는 본능이 있다는 단적인 증거예요.

인간은 구원받으려고 아무리 노력해도 구원받을 수 없어요.

파닥
파닥

왜냐하면 인간이 하나님으로부터 벗어나 있기 때문이에요.

내가 무슨 영화를 누리겠다고…

마치 뿌리가 뽑힌 나무처럼 말이에요.

뿌리 뽑힌 나무는 서서히 썩어가죠.

그런 나무에게 잎을 초록색으로 칠하고 영양주사를 맞히면 일시적으로 살아있는 것처럼 보이겠지만

인간은 죄에 빠져 있다고 말해요.

따라서 인간은 죄인이기 때문에 죄를 짓죠.

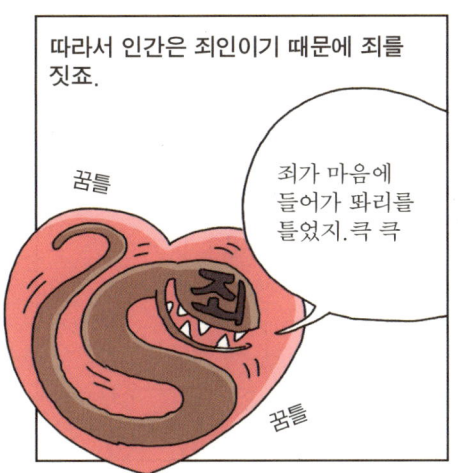

죄를 짓기 때문에 죄인이 된 것이 아니라 근본이 죄인이기 때문에 죄를 짓는 거예요.

예수님에 대하여

3장 기독교의 참모습

그러나 기독교에서는 그런 여러 가지 노력으로는 회복이 불가능하다고 말해요.

가장 좋은 방법은 창조주께 돌아오는 것이라고 하죠.

성경의 핵심은 다음과 같아요.

돌아오라 창조주께 돌아오라

이것이 구원이고 생명이다.

창조주 하나님께 돌아온다는 것은 마치 뿌리 뽑힌 나무가 생명을 얻기 위해 땅에 심기는 것과 같아요.

그분께 돌아오면 인간은 원래의 아름다운 모습으로 회복되죠.

죄로 오염된 인간, 하나님과의 관계가 완전히 단절된 인간은 생명의 근원 되신 그분과 올바른 관계를 맺으면서 근본적으로 새로워지는 거예요.

인간의 숙제

하나님과 단절되어 살아가는 인간들은 하나님과의 관계에서 세 가지 큰 어려움을 안고 있어요.

씩 씩

첫째, 인간은 신을 알 수 없어요.

인간은 이미 더럽혀진 죄인이기 때문에 어느 누구도 하나님을 만날 수 없어요.

인간은 이미 죄 안에 갇혀 있어서 하나님과 철저히 분리된 상태예요.

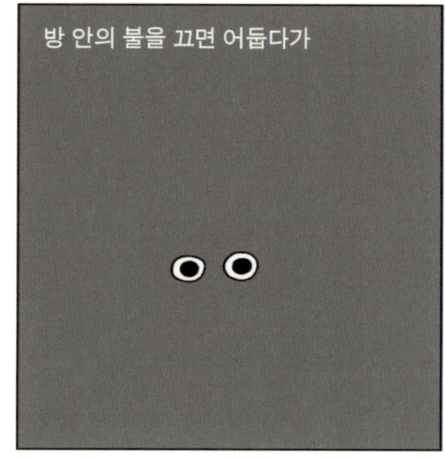

방 안의 불을 끄면 어둡다가

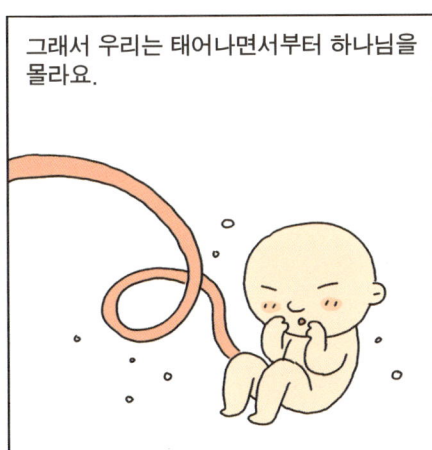

죄를 지으면 마음이 편하지 않아 도망칠 수밖에 없어요.

하나님 앞에서 죄인인 우리는 시기하고 미워하며 속이고 진실치 못하며 음란하죠.

물론 이런 죄는 법에 저촉되지 않지만

중심을 보시는 하나님은 남을 미워하는 것,

더군다나 속으로 미워하면서 겉으로는 그렇지 않은 것을 가증스럽게 여기시죠.

신을 안다 하더라도 나아갈 길이 없다면 차라리 신이 있는지 모를 때가 더 나을 거예요.

하나님의 해답

그런데 하나님께 문제가 생겼어요.

공의롭고 사랑이 많으신 하나님은 죄는 미워하시되 죄인은 사랑하세요.

인간 편에서 볼 때 하나님이 딜레마에 빠지신 것이죠. 인간들의 죄를 용서할 수 없지만 그들을 사랑하시는 거예요.

해결 방도를 찾던 하나님은 드디어 그 아들 예수 그리스도를 이 땅에 보내셨어요.

또한 하나님은 우리 모든 인류를 위해 길을 만들어 주셨어요.

죄로 인해 형벌 받아야 할 인간들을 위해 예수님이 대신 십자가에서 형벌을 받고 죽으심으로써

용서받을 수 있는 길을 만들어 주셨죠.

구약시대에는 이집트와 앗시리아, 바빌로니아, 페르시아 등 강력한 국가들의 흥망성쇠가 거듭되었는데

이 시기에 하나님은 이스라엘의 예언자들을 통해 장차 하나님의 아들이 이 땅을 방문한다고 알려주셨어요.

도저히 믿기 어려운 꿈 같은 이야기였어요.

죄인의 구원

그럼에도 이 구원을 이해하기는 참 어려워요.

그분이 십자가를 대신 지신 것과 죄인이 용서받는 것과 무슨 상관이 있는 거죠?

왜냐하면 죄인이 구원받는다고 하는 이 사실이 우리 정서로는 잘 이해되지 않기 때문이에요.

저놈은 당장 죽여야 돼!

감옥의 밥이 아깝다!

네가 인간이냐?

그래서 하나님은 예수 그리스도께서 이 땅에 오시기 훨씬 전인 구약 시대부터 여러 제도적 모형을 통해 이 구원의 원리를 가르쳐 주셨죠. 대표적인 4가지를 말해볼게요.

제사

유월절

성막

놋뱀

넷째, 모세의 놋뱀 사건을 언급하고 있어요.

즉 모세가 광야에서 놋으로 만든 뱀을 든 것처럼 예수 그리스도께서도 놋뱀처럼 들리셔야 한다는 뜻이에요.

당시 이스라엘 백성들은 이집트를 탈출하여 가나안 땅에 들어가기까지 광야에서 헤맸죠.

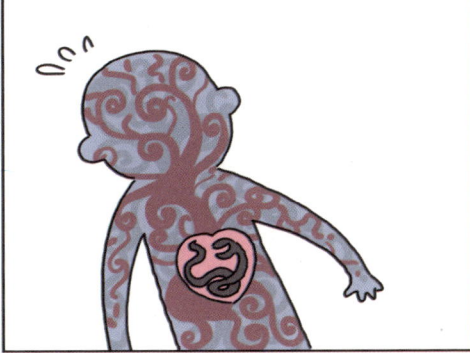

그렇기에 아무 조건을 달지 않고 예수 그리스도를 믿으면 구원을 준다고 한 것이에요.

지금까지 예수님을 믿지 않고 지냈더라도 원하기만 하면 당장 구원을 받을 수 있어요.

예수 그리스도께서는 이 땅에 사시는 동안 많은 병자를 고치시고

죄인을 만나시며 하나님의 말씀을 가르치셨어요.

하나님이 거룩한 사람만 만나준다면 이 땅의 죄인들에게는 구원의 기회가 없을 거예요.

이스라엘의 종교 지도자들이 예수께서 죄인들 만나는 것을 문제 삼을 때

예수는 어찌하여 세리와 죄인과 함께 먹고 마시냐?

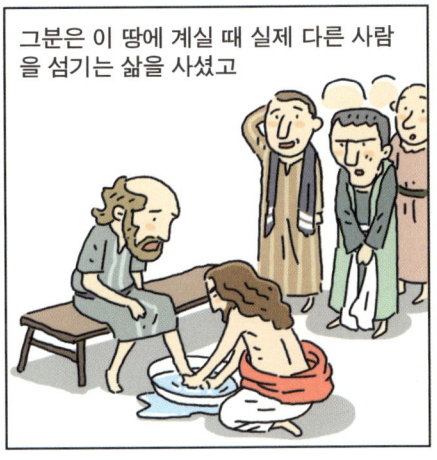

예수 그리스도께서 자신에게 오는 자들에게 약속하신 말씀이 있어요.

아버지께서 내게 주시는 자는 다 내게로 올 것이요. 내게 오는 자는 내가 결코 내쫓지 아니하리라. (요한복음 6:37)

예수 그리스도께서는 나를 포함한 모든 사람을 위해 십자가에 달리셨던 거예요. 이것이 바로 기독교 구원의 핵심 내용이에요.

그분은 인간이 자발적인 마음으로 돌아오기를 원하시지

기적이나 신비한 경험 때문에 돌아오기를 원하지 않으세요.

인간이 자발적으로 결정할 수 있고 충분히 자기 의지를 사용할 수 있는데도 불구하고

초자연적인 힘으로 인간을 복종시키기를 원하지 않으시죠.

초자연적인 경험의 약점은 언제고 의심이 비집고 들어온다는 점이에요.

믿음은 기적 때문에 생기는 것이 아니라 성령을 통해 생기죠.

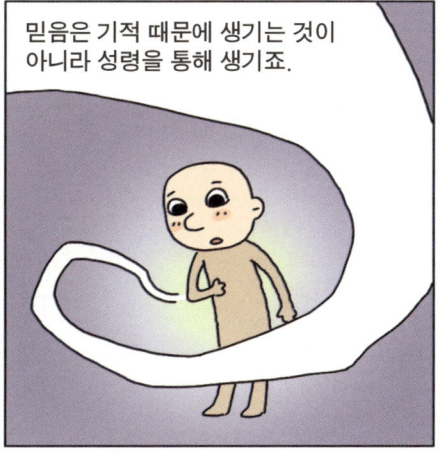

객관적 증거 예수님의 부활

3년여에 걸쳐 모든 자료를 모으며 피나는 노력을 기울여 성경의 모순을 파헤치려고 했죠.

내가 찾아내고 말 거야!

그러나 후에 그는 "누가 돌을 옮겼는가?"란 책을 저술하여 부활을 확증했어요.

그는 서문에서 다음과 같이 진술했어요.

이 책은 사실적 힘에 의해 처음 시도 했던 내용을 포기하고 다른 것을 쓰게 된 내적 이야기 즉 하나의 고백록입니다.

그는 이 책을 통해 예수님 일생의 마지막 7일을 철저하게 연구한 결과

부활이야말로 인류 역사상 가장 위대하고 확실한 역사적 사건이란 결론에 이르렀죠.

결국 그는 예수님의 부활 사건을 통해서
그리스도인이 되었어요.

부활의 증거

프랭크 모리슨은 부활이 참일 수밖에 없는 증거를 여러 가지로 살펴보았죠.

그중 대표적인 것이 그렇게 철저히 안식일을 지키던 유대인들이

안식일 대신 일요일을 주일로 지키게 되었다는 점이에요.

그전까지 유대인들은 율법에 따라 금요일 저녁부터 토요일 저녁까지를 안식일로 정해 철저히 지켰으며

심지어 안식일을 지키지 않는 사람을 죽이기까지 했어요.

그런 배경에서 일요일을 주의 날로 정해 안식일로 지킨 것은 성경에 기록된 대로

안식 후 첫날 예수님의 부활을 기념하여 모이기 시작한데서 연유하죠.

목숨을 걸고 안식일을 지키던 유대인들이 AD 32년경부터 주일을 지키게 된 점이 부활의 첫째 증거예요.

오늘은 그리스도께서 부활하신 날입니다.

아멘!

둘째 증거는 교회가 발생했다는 사실이에요.

당시 소아시아 지방과 예루살렘, 로마, 에베소, 안디옥, 고린도, 빌립보 등의 큰 도시에 교회가 세워졌어요.

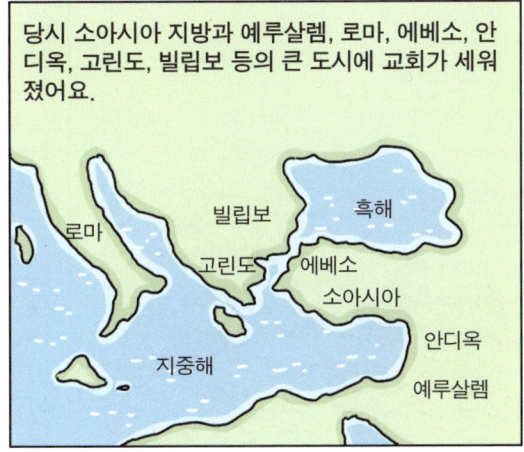

성경에는 예수께서 부활하신 후 만난 사람들이 구체적으로 거론되어 있어요.

만일 이 문서가 거짓이라면 어떻게 그 문서를 믿고 초대 교인들은 순교까지 할 수 있었을까요?

예를 들어 어떤 사람이 이런 주장을 한다고 해요.

당신은 이 말을 믿을 수 있나요?

그 말이 사실이 되려면 죽은 박정희 대통령이 다시 살아난 모습을 본 증인이 있어야 해요.

마찬가지로 예수님을 직접 만난 자들은 부활이 참이라고 주장할 수 있었고 이에 따른 증거도 제시할 수 있었던 것이에요.

넷째 증거는 로마 황제들의 엄청난 핍박 속에서도 기독교가 끈질기게 살아남았다는 거예요.

네로 황제가 기독교를 박해할 때 많은 사람들이 이 신앙 때문에 죽었는데 그들 대부분이 유대인이었어요.

기독교로 개종한 유대인들은 안식일 대신 주의 날을 기억하여 주일을 지켰으며

자기 동네 유대 땅에서 살았던 한 인물 예수를 메시아(구세주)라고 고백하며 죽어 갔죠.

그리스도인들이 온갖 핍박 속에서도 신앙을 위해 목숨을 내놓는 상황에서

대로마 제국은 어쩔 수 없이 무너질 수밖에 없었어요.

예수님의 빈 무덤

사람들 앞에 나타나신 예수님

부활의 증거를 더 정확히 알기 위해서는 빈 무덤 외에도

부활 후 사람들에게 나타나신 예수님에 대해 더 설명해야 해요.

예수님은 부활하시어 각기 다른 시간과 장소에, 각기 다른 사람들에게 나타나셨어요.

베드로와 야고보, 요한 등 예수님의 제자들이 모인 곳에 나타나셔서 함께 식사를 하기도 하셨어요.

평안하라.

주님!

제자들이 부활을 믿을 수밖에 없었던 것은 그들이 실제로 부활하신 예수님을 만났기 때문이에요.

왜들 그러느냐?

아… 아니에요.

훌쩍

훌쩍

예수님의 부활은 기독교의 객관적인 증거로써, 역사상 아무도 이 부활 사실을 무너뜨릴 수 없었어요.

이것은 초자연과 자연이 만난 놀라운 사건이에요.

그리고 바로 여기에 하나님의 의도가 나타나 있어요. 인간에게 구원을 주시려는 계획 말이죠.

맹목적으로 믿는 것이 아니라 이 부활의 사실성을 받아들일 때 우리에게 믿음이 생기죠.

하나님을 믿는 것도, 믿지 않는 것도 아닌 아주 답답한 상태에서 벗어날 수 있는 것은

부활 사건을 믿느냐, 믿지 않느냐에 달려 있어요.

주관적 증거
기도의 응답

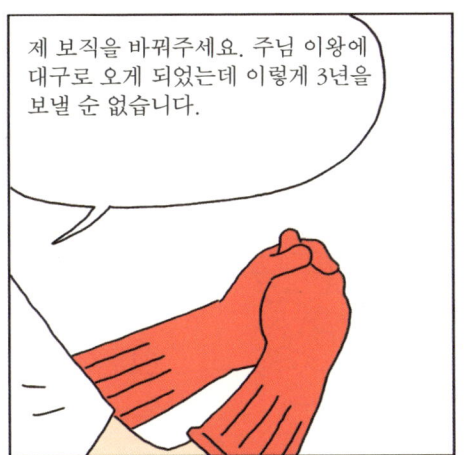

결국 그 기도로 저는 제대할 때까지 그 패스를 지닐 수 있었어요.

주님, 감사합니다.

이제 보직이 바뀔 일만 남았어요. 그러다가 3월 8일 정말 극적으로 보직이 바뀌었죠.

3월 12일 경북 의대를 처음 방문한 날 교문에 들어설 때의 감격이란 이루 말할 수 없었고, 학생들도 무척 기뻐했어요.

회개

구원에는 두 단계의 절차가 있어요. 바로 회개와 믿음이에요. (사도행전 2:38,16:31)

회개란 하나님께 불순종하여 자기 멋대로 살아온 것과

하나님 필요없거든요. 내 힘으로 살 수 있다구!

지금까지 지은 죄에 대해 하나님께 용서를 구하는 것이에요.

더 이상은 못 버티겠어. 도와주세요.

음란, 거짓, 잘난 체한 것, 시기, 질투, 미움 등 기억하기조차 힘든 죄들을 고백하고

죄를 짓지 않겠다고 다짐하며 삶의 방향을 바꾸는 것, 그것이 회개예요.

계속 이렇게 살 순 없어!

주 예수를 믿으라

죽음에서 부활하신 예수 그리스도를 '나의 구세주'로 믿는 거예요.

동시에 이제는 그분이 나의 삶을 인도할 주인이 되심을 인정하는 것이죠.

그동안 내 마음대로, 내 욕심대로, 내가 하고 싶은 대로 살아왔지만

이제는 삶의 고삐를 그분께 내어 드리는 것이죠.

두렵고 떨릴지 모르지만 지금까지 가졌던 가치관을 포기하고 무너뜨려야 하죠.

그분의 뜻을 따르기로 결정하고 그분이 원하는대로 진실하게 살아야 해요.

내가 계속 저기 있었다면 죄와 함께…

그런데
몇 가지 이유로
믿기를 주저하는 분들이
있습니다.

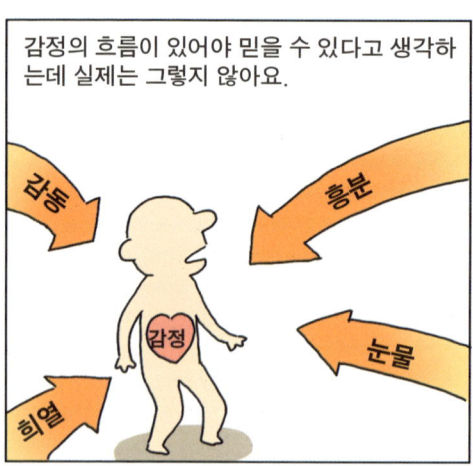

결단과 기도

지금까지 이해가 잘 안되는 분들을 위해 예를 하나 들어 볼게요. 동해안에 전 세계 사람이 모인 수영대회가 열렸어요.

목적지는 하와이 섬이에요. 그런데 절대 중간에 돌아올 수는 없어요.

출발 신호와 함께 모두들 바다에 뛰어 들어가 헤엄을 치기 시작했어요.

일반 사람들은 100미터쯤 가자 힘이 빠지기 시작했어요.

그런데 옆에서 올림픽 금메달 수영 선수가 헤엄을 치고 있었어요.

하와이라는 목표점에 도달할 수 있는 방법은
헤엄을 잘 치는 것이 아니라 배에 타는 것이죠.
이 배는 바로 그리스도를 의미해요.

그리스도의 십자가 공로만이 우리를
천국으로 옮길 수 있어요.

사명선언문

너희가 흠이 없고 순전하여……세상에서 그들 가운데 빛들로
나타내며 생명의 말씀을 밝혀 _ 빌 2:15-16

1. 생명을 담겠습니다
만드는 책에 주님 주신 생명을 담겠습니다.
그 책으로 복음을 선포하겠습니다.

2. 말씀을 밝히겠습니다
생명의 근본은 말씀입니다.
말씀을 밝혀 성도와 교회의 성장을 돕겠습니다.

3. 빛이 되겠습니다
시대와 영혼의 어두움을 밝혀 주님 앞으로 이끄는
빛이 되는 책을 만들겠습니다.

4. 순전히 행하겠습니다
책을 만들고 전하는 일과 경영하는 일에 부끄러움이 없는
정직함으로 행하겠습니다.

5. 끝까지 전파하겠습니다
모든 사람에게, 땅 끝까지, 주님 오시는 그날까지
복음을 전하는 사명을 다하겠습니다.

서점 안내

광화문점 서울시 종로구 새문안로 69 구세군회관 1층
02)737-2288 / 02)737-4623(F)

강남점 서울시 서초구 신반포로 177 반포쇼핑타운 3동 2층
02)595-1211 / 02)595-3549(F)

구로점 서울시 동작구 시흥대로 602, 3층 302호
02)858-8744 / 02)838-0653(F)

노원점 서울시 노원구 동일로 1366 삼봉빌딩 지하 1층
02)938-7979 / 02)3391-6169(F)

일산점 경기도 고양시 일산서구 중앙로 1391 레이크타운 지하 1층
031)916-8787 / 031)916-8788(F)

의정부점 경기도 의정부시 청사로47번길 12 성산타워 3층
031)845-0600 / 031)852-6930(F)

인터넷서점 www.lifebook.co.kr